SH

¿A un día de verano habré de compararte?

62 sonetos

Versión de Agustín García Calvo

MONDADORI

Selección de Albert Mauri
Cubierta: Arnoldo Mondadori Editore

ISBN: 84-397-0219-1
Depósito legal: M. 7.522-1999
Impreso y encuadernado en Mateu Cromo
Artes Gráficas, S.A., Ctra. de Fuenlabrada, s/n.
Pinto (Madrid)

¿A UN DÍA DE VERANO HABRÉ DE COMPARARTE?

62 SONETOS

II

Cuando cuarenta inviernos asedien tu frente
y el campo de hermosura de trincheras hiendan,
tu gala juvenil, hoy pasmo de la gente,
serán harapos que por nada se revendan.

Al preguntarte entonces tu hermosura dónde,
dónde todo el tesoro de tu lozanía,
decir que allí en tus ojos hundidos se esconde
fuera sonrojo ardiente y gloria bien baldía.

¡Cuánto más tu hermosura mereciera gloria
si respondieras «Esta hermosa criatura
cancelará mi cuenta, excusará mi historia»,
probando en ley de herencia tuya su hermosura!

Hacerte nuevo cuando viejo estés sería
y ver tu sangre hervir cuando la sientas fría.

III

Mira a tu espejo, y di a la faz que en él reflejas
«Ya es tiempo que esa faz se copie en otra plana»;
que si hoy su fresco apresto no reparas, dejas
burlado al mundo, a alguna madre seca y vana.

Pues ¿cuál tan bella habrá que su vientre en barbecho
desdeñe la aradura de tu maridaje?
¿O quién tan engreído que haga de su pecho
tumba de su amor propio y fin de su linaje?

Tú de tu madre eres cristal, y en ti los días
gentiles ella evoca de su flor granada;
tal tú por las ventanas de tu edad verías,
pese a canas y arrugas, esta edad dorada.

Pero si vives para no dejar testigo,
muere solo, y tu imagen morirá contigo.

VI

No dejes pués que rabia del invierno aje
tu verano sin antes destilar tu aroma:
haz fragante algún vidrio, atesora un paraje
de hermosura, antes que ella sola se carcoma.

No es vedada usura el uso que alegrías
les da a los que de grado pagan el arriendo;
para ti mismo es si otro TÚ de ti crías,
o más feliz diez veces diez por uno haciendo.

Diez veces tú feliz más de lo que eres fueras
si en diez de ti diez veces te multiplicaras:
¿qué podría hacer Muerte si, cuando partieras,
a ti viviente en descendencia te dejaras?

No seas tú tan tuyo: que eres tú muy hermoso
    para caer en manos
    de Muerte por esposo
y hacer de ti herederos a diez mil gusanos.

VIII

Música tú, ¿por qué la música oyes triste?
Bien no lucha con bien, al gozo el gozo alegra;
¿por qué sin gusto tomas lo que bien quisiste,
o si no, te complaces en la pena negra?

Si el fiel concento de sonidos bienacordes
casados por harmónicos tu oído ofende,
no hacen sino reñirte amables de que asordes
en un solo las voces que tu gama tiende.

Nota cómo, una cuerda de otra dulce esposa,
una a otra hacen vibrar en mutuo sortilegio:
tal un señor y el hijo y la madre dichosa,
que entonan a una todos un suave arpegio;

cuyo son sin palabras, que es en muchos uno,
te canta así: «Tú solo vales por ninguno».

X

A fe, confiesa de una vez que a nadie quieres,
tú que eres de ti mismo así de descuidado;
lo más, di que de muchos bienamado eres,
pero que a nadie amas está bien probado:

que estás tan poseído de mortal inquina
que aun contra ti no dudas en tramar conjura,
buscando de ese hermoso techo hacer rüina
que reparar sería tu mejor procura.

Muda de idea, y pueda mi opinión mudar.
¿Tendrá el odio más bello hostal que amor gracioso?
Sé, como es tu presencia, amable y dulce al par,
o muéstrate para ti al menos generoso:

hazte otro MISMO, por amor de mí, que así
viva hermosura o bien en tuyo o bien en ti.

XI

Según te vayas apagando, en uno ardes
de ti, a partir de aquello de lo que te alejes,
y aquella fresca sangre que de joven guardes
la dirás tuya cuando tu frescura dejes.

Ahí vive cordura y gracia y nuevo brío;
sin eso, edad, locura, decadencia fría.
Si así pensaran todos, se helaría el río
del Tiempo, y medio siglo el mundo anularía.

Los que Natura no crió para guardar,
rudos y toscos, bien que estérilmente mueran:
ya ves, al más dotado más le quiso dar,
graciosos dones que en ti gracia hallar debieran.

Por timbre suyo te grabó, y espera de ello
que imprimas muchas copias, no que muera el sello.

XIII

¡Ah, fueras tú tú mismo! Pero, amor, no niegues
que tú eres tuyo el tiempo que tú mismo vivas;
contra ese fin que viene es bien que te apercibas
y tu dulce semblante a otro se lo legues.

Así tu gracia escaparía al vencimiento
del plazo a que la debes; así tú serías
de nuevo tú después de tu fallecimiento,
tu dulce forma en forma de tus dulces crías.

¿Quién deja derrumbarse casa tan flamante
que buen arreglo sostuviera en noble brío
contra las avalanchas del invierno y ante
la muerte y rabia estéril del eterno frío?

Sólo un perdido. Tú, mi amor, sabes que un padre
tuviste: que tu hijo diga «Tuve un padre».

XVIII

¿A un día de verano habré de compararte?
Tú eres más dulce y temperado: un ramalazo
de viento los capullos de Mayo desparte,
y el préstamo de estío vence a corto plazo;

tal vez de sobra el ojo de los cielos arde,
tal vez su tez de oro borrones empañan,
y toda gracia gracia pierde pronto o tarde,
que ya accidente o cambio natural la dañan.

Mas tu verano eterno ni jamás se agosta
o pierde prenda de esa gracia en que floreces,
ni Muerte ha de ufanarse que a su negra costa
vagues, que cara al tiempo en línea eterna creces.

En tanto aliente un hombre o ver el ojo pida,
vivo estará este verso, y te dará a ti vida.

XXII

Mi espejo no ha de persuadirme que soy viejo
mientras tú y juventud seáis de un mismo día;
mas del Tiempo y su garra al ver en ti el reflejo,
pienso que muerte ha de expiar la vida mía.

Pues toda esa hermosura que te cubre a ti
es de mi corazón vestimenta y preseas,
el cual vive en tu pecho, como el tuyo en mí:
¿cómo pués puedo ser más viejo que tú seas?

Oh, tú por tanto, amor, sé de ti tan cuidoso
como yo, no por mí, por ti guardo mi vida,
tu corazón portando con tan amoroso
desvelo como un aya de su nene cuida.

Que el tuyo no se ufane cuando el mío pene:
el don que de él me hiciste vuelta ya no tiene.

XXV

Que ésos que con su estrella en gracia están se engrían
de honores públicos y título y boato,
que yo, de quien los hados gloria tal desvían,
un no buscado gozo es mi más noble ornato.

Los validos del príncipe no más florecen
como al ojo del sol la flor de maravilla,
y en ellos se sepulta honor que en ellos brilla,
que al frunce de una ceja en su esplendor fallecen.

El sufrido guerrero, en lides afamado,
después que a mil victorias ya les vio la cara,
presto del libro del honor queda raspado,
y olvido es todo lo otro por lo que penara.

Así que feliz yo que a quien me quiere quiero,
de donde ni que me echen ni salirme espero.

XXXI

Tu pecho está enjoyado con los corazones
que, por su falta, yo por muertos los tenía;
y reina allí el amor, sus partes y sus dones,
y todos los amigos que enterrar creía.

¡Cuánta bendita lágrima piedad antigua
de amor hurtó a mis ojos, como atenta oblada
debida a aquellos muertos, que ahora se averigua
que sólo por mudanza hacen en ti morada!

Tú eres la tumba donde amor sepulto vive,
de mis amantes idos puesto entre estandartes;
y la deuda de muchos solo a ti se ascribe,
que ellos te han dado a ti de mí todas sus partes.

Sus formas que yo amaba las contemplo en ti;
tú, todos ellos, tienes el total de mí.

XXXIV

¿Por qué me prometiste día tan hermoso
y me hiciste salir de viaje sin mi capa,
para que surja al paso nubarrón odioso
que tu esplendor en sucias brumas engualdrapa?

No basta que el nublado rompas ya por medio
a secarme la faz que el chubasco ha azotado;
pues nadie puede bien decir de tal remedio
que, si la llaga cura, deja mutilado.

Ni tu vergüenza de mi agravio me conforta:
aunque tú te arrepientas, mi dolor me amarga;
pena del ofensor ligero alivio aporta
a aquél que con el peso de la ofensa carga.

Ah, pero perlas son las lágrimas que vierte
tu amor en paga,
y ricas de tal suerte
que ellas rescatan cuantos males haga.

XLI

Esos deslices que comete libertad,
cuando estoy de tu corazón ausente a veces,
a tu hermosura bien le cuadran y a tu edad;
que tentación está doquiera que apareces.

Rico eres, y por tanto, expuesto a mercader;
bello eres, y por tanto, presa de conquista;
y si una mujer ruega, ¿qué hijo de mujer
agriamente la dejará que en vano insista?

Ay sí, pero aún podías respetar mi coto
y a tu hermosura y vagos años regañar,
que te han llevado a trance tal en su alboroto
donde una doble fe tendrás que quebrantar:

la de ella, por tentarla tu beldad contigo,
la tuya, al ser traidora tu beldad conmigo.

XLII

Que tú la tengas no es mi agravio capital;
y eso que bien se diga que bien la quería;
que ella te tenga a ti es entraña de mi mal,
pérdida de amor grave a mi contaduría.

Reos de amor, mi amor a defenderos baja:
tú la amas porque sabes que la amo – digo –,
y es por amor de mí por lo que ella me ultraja,
dejando por mi amor que la quiera mi amigo.

Si te pierdo, mi pérdida a mi amor la cedo,
y al perderla, mi amigo lo perdido halla;
uno al otro se encuentran, sin los dos me quedo,
y ambos por amor mío a mí me dan batalla.

¡Mas yo y mi amigo somos uno!: así se infiere
– oh dulce engaño – que ella sólo a mí me quiere.

XLIII

Cuando se cierran más, mejor mis ojos ven:
pues todo el día cosas fútiles ojean,
mas cuando duermo, en sueños te miran, mi bien,
y oscuramente claros, en la sombra otean.

Oh tú pués, cuya sombra las sombras alumbra,
¡qué feliz de tu sombra la forma informara
al claro día con tu luz mucho más clara,
cuando a ojos que no ven tu sombra así deslumbra!

¡Cuál – digo – de mis ojos fuera la ventura
al mirarte del día entre los vivos fuegos,
cuando en la muerta noche tu sombra insegura
se graba entre el pesado sueño en ojos ciegos!

Noche es el día hasta que verte no consigo;
día las noches que soñando estoy contigo.

XLIX

Contra ese tiempo (si ese tiempo se presenta)
en que a mis faltas te he de ver fruncir el cejo,
cuando tu amor cerrado habrá su última cuenta,
viniendo el saldo a hacer por pericial consejo,

contra ese tiempo en que como un extraño pases
y apenas de ese sol, tus ojos, me saludes,
que amor, de lo que fue reconvertido, frases
sensatas halle y razonables actitudes,

contra ese tiempo me refugio aquí y me encojo
en el reconocer de mis merecimientos,
y este mi voto en contra de mí mismo arrojo
por darte a ti los más legales argumentos:

te asiste el peso de la ley para dejarme,
que yo alegar no puedo causa para amarme.

LII

Tal como el rico soy, cuya llave bendita
lo lleva hasta su dulce tesoro guardado:
el cual no cada hora lo abre y lo visita,
por no embotar el punto del placer contado.

Por eso son las fiestas solemnes y raras,
porque, al caer con pausa al hilo del gran año,
se ofrecen espaciadas como gemas caras
o como en tienda de joyero el oro en paño.

Tal es el tiempo que te esconde como un arca
o como cofre que la rica ropa guarde
a ponerle a una fecha venturosa marca
al desplegar la vieja gala en nuevo alarde.

Bendito tú, cuya valía a tanto alcanza
que da, tenida, gozo, y faltando, esperanza.

LIII

¿Qué es lo que es tu sustancia?: ¿de qué estás tú hecho,
que mil ajenas sombras se te trasparecen?
Cada una tiene un tinte, cada cual un trecho,
y en ti, siendo uno solo, todas se abastecen.

Dibuja a Adonis, y verás en su trasunto
pobre copia de ti sacada; todo el fuego
del arte en la mejilla de Hélena pon junto,
y ahí estás tú pintado en atavío griego.

Habla de primavera y habla de la cumbre
del año: en una esbozos de tus gracias vemos,
de tu bondad el otro asoma por vislumbre,
y en cada ser gracioso te reconocemos.

En toda gracia tienes parte; mas ninguna
se te asemeja en la constancia, y tú a ninguna.

LVII

Siendo tu esclavo, ¿qué he de hacer sino atender
a las horas de tu deseo y tus demandas?:
ningún precioso tiempo tengo que perder
ni hacer otros recados que los que me mandas.

Ni oso reñirle a la hora inmensamente larga
en que el reloj por ti, mi soberano, miro,
ni llamar la amargura de la ausencia amarga
cuando envías a tu criado de retiro.

Ni aun oso ya indagar con mi razón celosa
dónde andarás ni en qué negocios o solaces,
sino aquí, triste siervo, estar sin pensar cosa
salvo que, donde estés, ¡cuán felices los haces!

Tal loco está hecho amor que nunca en tu cabeza,
hagas tú lo que hagas, pensará él vileza.

LIX

Si nada nuevo hubiera, y si lo que es ahora
ha sido antes, ¿cómo desbarra el sentido,
que da a luz, cuando tanto en inventar labora,
en un segundo parto un niño ya nacido?

¡Oh, si un registro en que al revés los ojos viajen,
aun quinientos atrás giros del sol que fuera,
me mostrara en un viejo códice tu imagen,
cuando se grabó el alma en la letra primera!:

que viera yo lo que en la antigua edad dirían
a la compuesta maravilla de ti mismo,
si es que hemos mejorado o si ellos más veían
o si en revolución lo mismo da en lo mismo.

Oh, cierto estoy que habrán los genios de la historia
dado a peores temas alabanza y gloria.

LXI

¿Es orden tuya que tu imagen tenga abiertos
mis párpados pesados a la noche ingrata?
¿Deseas tú que quiebre mis sueños inciertos
sombra que, por burlar mi vista, te retrata?

¿Son tu espíritu ésos que de ti me envías,
lejos de su morada, a que mi vida espíen,
a hallar en mí vergüenzas y horas malvacías,
meta y rumbo por donde tus celos se guíen?

No, tu amor, aunque mucho, no es tan poderoso:
es mi amor el que tiene mis ojos en vela,
mi amor leal, que así combate a mi reposo,
para siempre en tu honor hacer de centinela.

Por ti yo velo, mientras tú habrás despertado
lejos de mí, de otros cerca demasiado.

LXIII

Contra que mi amor sea, como yo lo he sido,
estrujado del Tiempo en la garra inhumana,
cuando las Horas hayan su sangre bebido
y fruncido su frente, y su fresca mañana

trepe a las cuestas de la Edad ensombrecidas,
y todas esas gracias en las que él rey era
estén desvaneciéndose o desvanecidas,
saqueando el tesoro de su primavera,

para ese tiempo hoy fabrico la armadura
contra el cuchillo de la Edad despïadado,
que nunca corte de memoria la hermosura
de mi amor, aunque sí la vida de mi amado:

su gracia en estas negras líneas se recuerde,
y que ellas vivan, y él en ellas siempre verde.

LXVI

Harto de todo esto, muerte pido y paz:
de ver cómo es el mérito mendigo nato
y ver alzada en palmas la vil nulidad
y la más pura fe sufrir perjurio ingrato

y la dorada honra con deshonra dada
y el virginal pudor brutalmente arrollado
y cabal derechura a tuerto estropeada
y por cojera el brío juvenil quebrado

y el arte amordazado por la autoridad
y el genio obedeciendo a un docto mequetrefe
y llamada simpleza la simple verdad
y un buen cautivo sometido a un triste jefe;

harto de todo esto, de esto huiría; sólo
que, al morir, a mi amor aquí lo dejo solo.

LXXI

No hagas más duelo, cuando muerto esté, por mí
que en lo que oigas a los broncos campaniles
al mundo dar aviso de que me partí
del vil mundo a morar con los gusanos viles.

Y aun si este verso lees, no des en remembrar
qué mano lo escribió; porque te amo tanto
que en tus memorias dulces muerto quiero estar
si de pensar en mí ha de brotar tu llanto.

Oh, si echas – digo – una mirada a este renglón,
cuando yo acaso con la arcilla ya me amase,
no llegues de mi pobre nombre a hacer mención,
sino deja tu amor que con mi vida pase,

no sea que el docto mundo, si llorar te ve,
de ti por mí se burle, cuando yo no esté.

LXXII

Oh, no sea que el mundo a ti cuenta te pida
de qué don vivió en mí para guardarme amor
tras de mi muerte, amor, de mí tú todo olvida,
pues nada en mí podrás probar de algún valor;

a no ser que trazaras virtuoso embuste,
por darme más de lo que nunca merecí,
y más de lo que a la verdad avara guste
colgaras alabanzas, ya difunto, en mí.

No sea que a tu amor veraz falso lo haga
el que hables por amor en falso bien de mí,
mi nombre entiérrese donde mi cuerpo yaga,
y no más viva a sonrojarme a mí ni a ti;

pues sonrojado estoy de cuanto de mí sale,
y así estarías tú de amar lo que no vale.

LXXIII

En mí contemplas ese mes en que de oro
las hojas, o ninguna, o pocas, pendulean
de ramas que tiritan con el frío, coro
ruinoso en que tardíos pájaros gorjean.

En mí tú ves aquella media luz del día
que por poniente deja apenas una huella,
hurtada poco a poco por la noche fría
que, otro yo de la muerte, todo en paz lo sella.

En mí tú ves como destellos de ese fuego
que en las cenizas de su juventud se acuesta,
como lecho de muerte en que a expirar va luego,
tragado por aquello que nutrió su fiesta.

Y esto que miras a tu amor lo hace más fuerte
a amar lo que no mucho tardará en perderte.

LXXIV

Pero consuélate: cuando esa orden de arresto,
ya sin fianza alguna, llegue y me conduzca,
algo tiene mi vida en este verso puesto,
que aún contigo por memoria aquí reluzca.

Cuando esto releyeres, habrás revivido
justamente la parte consagrada a ti:
la tierra tiene tierra, lo que le es debido;
mi aliento es tuyo, tuyo lo mejor de mí.

Así que de la vida has perdido las heces,
presa de los gusanos o botín cobarde
para el puñal de algunos míseros raheces,
muy vil para que de él memoria en ti se guarde:

su valor es aquello que en ello haber pueda,
y aquello es esto, y esto aquí contigo queda.

LXXVI

¿Por qué es tan seco y parco de nuevo atavío
mi verso y tan sin variación ni cambios prestos?
¿Por qué no, con el tiempo, mi atención desvío
a métodos recientes y raros compuestos?

¿Por qué en la sola escribo y siempre misma trama
y gasta mi invención librea de tal nota
que casi cada sílaba mi nombre clama,
mostrando su nación y fuente de que brota?

Oh, ya ves, dulce amor, que siempre de ti todo
escribo, y tú y amor sois solo mi dictado;
vestir palabras viejas en un nuevo modo
es todo mi arte, usando lo que está ya usado.

Como el sol cada día es viejo, nuevo siendo,
así siempre mi amor lo dicho va diciendo.

LXXX

¡Ah, qué desmayo, al escribir de ti, sabiendo
que otro ingenio mejor tu nombre usa y clama,
que en tu alabanza gasta su arsenal y atuendo,
y encadena mi lengua hablando de tu fama!

Mas, pues que tu valía, vasta como Océano,
humilde vela igual que altiva quilla toma,
mi bravo esquife, aunque inferior al suyo sea, no
se arredra y petulante en tu alta mar asoma.

Tu más ligero apoyo ha de tenerme a flote,
cuando él navegue sobre tu insondable hondura;
o si naufrago, yo soy sólo un pobre bote,
él de orgullosa traza y alta arboladura.

Y ¿qué que él bogue, y qué que a pique el mar me
arrastre?:
ahí fue todo mi mal: mi amor fue mi desastre.

LXXXI

O viva tanto yo que tu epitafio escriba,
o sobrevivas tú cuando me pudra en lodo,
Muerte no arrancará de aquí tu sombra viva,
ni aun cuando ya de mí se haya olvidado todo.

Vida inmortal en esto ha de tener tu nombre,
aunque yo, una vez ido, del todo sucumba:
la tierra me dará en común terreno tumba,
cuando tú yazgas en los ojos de todo hombre.

Mi dulce verso a ser tu monumento aspira,
que ojos aún no nacidos han de releer;
y vendrán nuevas lenguas para ser tu ser,
cuando esté muerto todo lo que hoy respira.

Vivirás donde (a tanto mi pluma es potente)
más el aliento alienta: en bocas de la gente.

LXXXII

Comprendo que no estás casado con mi Musa,
y así ojear sin culpa puedes cualquier lema
que otro escritor a tu dedicatoria usa,
dorando todo libro con su claro tema.

Tú eres tan claro como de color de juicio
al sentir que a mis loas tu valor supera,
y así, estás obligado a buscar artificio
más fresco, con el sello de una nueva era.

Y hazlo así, amor; mas cuando veas en tu cara
qué hipérboles la docta retórica pinta...
tu gracia verdadera hallaba acorde tinta
de tu veraz amigo en la llaneza clara;

y tendrá su pintura tosca mejor uso
donde mejillas piden sangre: en ti es abuso.

LXXXVII

¡Adiós! Eres muy caro para poseerte;
tú tus cotizaciones bien al justo cuidas,
y tu cartera de valores te hace fuerte;
mis letras contra ti todas están vencidas.

Pues ¿cómo fuiste mío sino por tu aserto?
Y para esa riqueza mis méritos ¿dónde?
A ese don de hermosura nada en mí responde,
y así otra vez mi cuenta queda en descubierto.

Tú te me diste o sin saber aún tu tasa
o de mi precio, a quien lo dabas, confundido;
así aquel gran dispendio, por error salido,
hecho mejor balance, vuelve ya a la casa.

Te tuve como sueño que ambición provoque:
dormido, un rey; al despertar, ni rey ni roque.

LXXXVIII

El día que te plazca al barato venderme
y al ojo de la mofa exponer mis preseas,
a luchar contra mí a tu bando he de ponerme
y probar tu virtud, aunque perjuro seas.

Como mejor que nadie mis flaquezas veo,
a tu favor podré endilgar una memoria
de ocultas faltas de que soy convicto reo;
de modo que, al perderme, ganes mucha gloria.

Y aun yo también por ende sacaré ventaja:
que, humillando a tu amor todos mis pensamientos,
las injurias con que mi boca a mí me ultraja,
si a ti por cien te rinden, ríndenme doscientos.

Tal es mi amor y cosa tuya soy tan cierto
que por derecho tuyo sufro todo tuerto.

LXXXIX

Di que me has perdonado por algún malhecho,
y yo habré de ponerle glosas a esa ofensa;
habla de mi cojera, y me estaré derecho,
sin hacer contra tus razones más defensa.

Tú no puedes hacerme la mitad de feo,
amor, poniendo pauta al cambio en que me ensaño,
que me afeo yo mismo; en viendo tu deseo,
quebraré el dulce trato y te me haré un extraño.

Falta tú a tus paseos, y nunca en mi lengua
tu bienamado nombre morará más rato,
no sea que, profano yo, le cause mengua
y algo diga tal vez de nuestro viejo trato.

Por ti contra mí mismo lucha y pleito muevo;
que aquél a quien tú odias nunca amarlo debo.

XCI

Unos se ufanan de su estirpe, o de su arte,
otros en sus riquezas, en sus fuerzas otros,
parte en sus galas, aunque mal cortadas, parte
en sus perros y halcones, quiénes en sus potros,

y cada genio lleva su placer anejo,
donde encuentra su gozo y todo su tesoro;
mas con tales medidas yo no me cotejo,
que en un común mejor a todos los mejoro:

tu amor es para mí mejor que ilustre cuna,
más rico que oro, más galán que un atavío,
de más placer que halcones o yeguada alguna,
y, con tenerte, en toda gloria me glorío,

pobre sólo en que puedes todo en un segundo
quitármelo y dejarme el más pobre del mundo.

XCIV

El que tiene poder de herir y a nada toca,
que no hace aquello de que más demuestra dones,
los que, moviendo a otros, siguen como roca
inmobles, fríos, lentos a las tentaciones,

heredan con razón del cielo los favores,
la dote de Natura en buena ley maridan;
ellos son de sus rostros dueños y señores;
los otros, camareros que sus gracias cuidan.

Flor de verano es gozo del verano pleno,
aunque ella para ella sola vive y muere;
mas si infición la toca de algún vil veneno,
cualquier yerbajo en dignidad se le prefiere;

pues lo más dulce es lo que más agriarse puede:
lirio que pudre más que mala yerba hiede.

XCVI

Quién dice «Es juventud su falta», quién «Descaro»,
quién que es tu gracia juventud y donosura;
mas, gracia o falta, en más o menos se mesura:
tú haces gracias las faltas que entran a tu amparo.

Como en el dedo de una reina en trono puesta
el más bajo brillante bien será estimado,
tal queda cada error que en ti se manifiesta
traducido a verdad y por verdad preciado.

¡Cuánto cordero el lobo adusto engañaría
si su traza trocara por la de un cordero!
Y ¡cuánto explorador perdiera en ti la vía
si usaras de tu fuerza el arsenal entero!

Mas no hagas tal: pues tal mi corazón te ama
que, al ser tú mío, mía es tu buena fama.

XCVII

¡Cuán pareja a un invierno aquí mi ausencia ha sido
de ti, oh tú, placer del año volandero!
¡Qué escalofríos, qué nublados he sentido
y por doquier qué desnudez de viejo Enero!

Y el caso es que ese tiempo ausente tiempo era
de fruto, Otoño rico de aumento abundoso
con el ufano peso de la primavera,
como viudas preñeces de un difunto esposo.

Pero ese fruto y gozo me era a mí semejo
a esperanzas de huérfano y prole bastarda;
pues son verano y sus placeres tu cortejo,
y, lejos tú, hasta el pájaro silencio guarda;

o si canta, tan triste el son que toda rama
palidece de miedo al invierno que llama.

CII

Mi amor está más fuerte aun cuando más lo veas
callar. No te amo menos, aunque más escaso
lo muestre: es mercancía amor cuyas preseas
la voz del posesor pregona a cada paso.

Nuevo era nuestro amor y apenas en su Mayo
cuando le saludaba con mis melodías:
tal Filomela al frente del verano gayo
trina, y cierra su flauta al madurar los días;

no que el verano entonces dulce sea menos
que cuando a su gorjeo la noche temblaba,
sino que están los ramos de música plenos,
y dulzura frecuente en el hastío acaba.

Así, como ella a veces yo mi voz apago,
por no causarte con mis trinos empalago.

CV

A este mi amor no se le llame idolatría
ni parezca mi amado un dios del paganismo;
pues son mis loas todas y mi poesía
de uno, a uno, y siempre así, y sin fin lo mismo.

Bueno mi amor es hoy, mañana bueno, y firme
en constancia asombrosa de sus excelencias;
y a su constancia así forzado a reducirme,
cantando un solo asunto, olvido diferencias.

'Bueno', 'hermoso' y 'verdad' es todo mi argumento,
'bueno', 'hermoso' y 'verdad', mudando de vocablo;
y en esa variación se gasta mi talento:
tema asombroso, en que de tres en uno hablo.

'Bueno', 'hermoso' y 'verdad' solos por sí han vivido;
que hasta hoy los tres en uno nunca han hecho nido.

CVI

Cuando en las crónicas del tiempo ido inmerso
leo retratos de bellezas singulares
y cómo hace hermosura hermoso el viejo verso
que loa damas muertas y gentiles pares,

allí, en la flor de la belleza y la ufanía
de mano o pies o labios, ojo o frente, intuyo
que aquella antigua pluma dibujar quería
belleza tal como ésa que hoy es feudo tuyo.

Así, no son sus loas más que profecía
de nuestro tiempo, todas a prefigurarte;
que al que con ojos de adivino te veía,
para cantar tus gracias le faltaba parte;

y hoy, que vemos venido el día ya, nos mengua,
para alabar lo que los ojos ven, la lengua.

CIX

No digas que fue falso mi corazón firme,
aunque ausencia mi fuego atemperar mostrara:
tan fácil de mí mismo fuera despartirme
como del alma mía, que en tu pecho para.

Ése es mi hogar de amor: si por ahí he andado,
como el que fue de viaje, aquí de nuevo caigo,
sólo mudado el tiempo, no con él mudado;
conque el agua a la par para mi mancha traigo.

No creas nunca que, aunque en mi naturaleza
reine todo el error que a toda sangre daña,
dañado pueda estar de lacra tan extraña
que abandone por nada toda tu riqueza;

pues todo el vasto mundo llamo nada y lodo,
fuera de ti, mi rosa: en él tú eres mi todo.

CX

Ay, es verdad que andado he del caño al coro
y hecho de mí un pendón de feria, acuchillado
mi propia fe, vendido a esgalla el fino oro
y de nuevos afectos vieja ofensa hilado.

Muy verdad que he mirado al sesgo y con desvío
la verdad. Mas, con todo, esos escarceos
el corazón me remozaron de otro brío,
y tu amor bueno se probó en malos tanteos.

Ahora todo es hecho: ten lo que tendrás
sin fin; ya nunca en nueva piedra mi apetito
iré a afilar tentando al viejo amigo más,
dios en amor, a cuyas lindes me limito.

Acógeme tú pués, mi cielo más sereno,
en lo más puro y amoroso de tu seno.

CXV

Mienten los versos que hasta aquí hube escrito, aun ésos
que decían «No puedo ya mejor quererte»;
pero es que no veía mi razón progresos
por que mi llama plena ardiera aún más fuerte;

mas, atendiendo al Tiempo, cuyos mil desvíos
tuercen promesas, mudan decretos de reyes,
curten divina gracia, embotan fieros bríos,
fuertes almas doblegan a mudables leyes,

¡a fe!, ¿por qué, por miedo al Tiempo imperïoso,
no iba a decir «Ahora es cuando más te quiero»,
cuando estaba de incertidumbres bien certero,
colmado del presente, en lo demás dudoso?

Niño es amor: ¿qué mal hay pués si así le hablaba,
para hacer más crecer lo que creciendo estaba?

CXVI

¡Que a matrimonio de alma y alma verdadera
no haya impedimentos! No es amor amor
que al encontrar alteraciones él se altera
o se agacha a cavar con el demoledor.

Oh no, él es hito fijo que por siempre dura
mirando a la borrasca que a sus pies se estrella;
es para toda errante barca la alta estrella,
cuyo valor se ignora, aunque toméis su altura.

No es juguete del Tiempo amor: si labios granas
caen dentro del compás y siega de su aguja,
Amor no muda con sus horas y semanas,
sino hasta el borde del abismo aguanta y puja.

Si todo esto es error y contra mí probado,
yo nunca he escrito, y nunca ningún hombre amado.

CXVII

Acúsame de que he hecho desfalco en las rentas
de donde tu gran deuda liquidar debía;
que olvidé convocar tu caro amor a cuentas,
a quien me obligan tantas letras día a día;

que con extrañas almas tuve tratamientos
y di al tiempo derechos que caros compraste,
o que he izado las velas a todos los vientos
que iban, lejos de ti, a dar conmigo al traste.

En cuenta cárgame intenciones y descuido,
y sobre lo probado acumula sospecha;
a tiro ponme ya de tu ceño fruncido;
mas no dispares contra mí tu airada flecha:

que mi apelación reza que cuanto hice fue
por probar la constancia de tu amor y fe.

CXX

Que una vez fueras duro ahora me enternece,
y en gracia de la pena que sentí yo entonces
mi nervio al peso de mi crimen se estremece;
fuera, si no, forjado en duro hierro y bronces.

Que, si a ti mi aspereza igual te ha trastornado
que a mí la tuya, habrás vivido una agonía,
y yo, tirano, a calcular no me he parado
cuánto yo un tiempo en tu delito padecía.

Ah, hubiera nuestra noche mísera a mi alma
hecho ver cómo hiere pena verdadera,
y pronto a ti, como a mí tú, aplicado hubiera
bálsamo humilde que llagados pechos calma.

Mas ya ese crimen tuyo es fondo de rescate:
rescata el mío al tuyo: ¡el tuyo me rescate!

CXXIII

No, Tiempo, no te ufanes de que me transforme:
tus pirámides, que alza nueva tiranía,
no son para mí asombro alguno, nada enorme:
disfraces sólo de algo visto ya otro día.

Nuestras fechas son breves: así nos admira
cuanto tú nos impones como antiguo, y antes
las ponemos por hito a nuestra propia mira
que creer que hemos oído hablar ya de ellas antes.

Sin maravilla de pasado ni presente,
os reto a ti y a tus archivos por tal guisa;
que mienten tus anales, lo que vemos miente,
viniendo a más o a menos por tu eterna prisa.

Tal juro y tal será por siempre cierta hazaña:
yo seré fiel, malpese a ti y a tu guadaña.

CXXVI

Oh tú, mi niño, en cuya mano se demora
el voltario cristal del Tiempo y su hoz, la hora,

que, menguando, has crecido, y tus amantes viste
irse amustiando al par que tú en primor creciste,

Natura, reina de rüina y gran madrastra,
si a ti, según avanzas, para atrás te arrastra,

es que te guarda con el fin de que su maña
minutos mate al Tiempo y melle su guadaña.

Mas témela, oh capricho de su amor: que puede
su don hacer durar, mas no que quieto quede;

su audiencia, aunque aplazada, espera el finiquito,
y en su letra de deuda estás tú mismo escrito.

CXXVII

Antaño el negro prenda de beldad no era,
o si era, no llevaba nombre de hermosura;
pero hoy negrura de belleza es heredera,
y belleza afrentada por vergüenza oscura.

Pues desque toda mano el poder de Natura
tomó, aclarando al feo con pintada gracia,
nombre no tiene ya belleza, su ara pura
nadie la adora, y si ella vive, es en desgracia.

Por eso es corvinegro el pelo de mi dueña,
y a juego son sus ojos, que en luto parecen
por los que, feos natos, en beldad florecen,
ultrajando la creación con falsa seña.

Mas tanto el luto y tanto
les sienta bien el planto
que todos dicen que debiera ya ser ése
el color con que la belleza apareciese.

CXXX

Los ojos de mi dama brillan mucho menos
que el sol; más que sus labios roja es la cereza;
¿la nieve es blanca?: pues sus pechos son morenos;
y si hebras son, son negras las de su cabeza.

Rosas he visto rojas, blancas, escarlatas,
mas tales rosas su mejilla no me enseña;
y hay en ciertos perfumes delicias más gratas
que en el aliento que se exhala de mi dueña.

Me gusta oírla hablar, y empero, bien conozco
que la música suena más cerca del cielo;
nunca a una diosa he visto andar – lo reconozco:
mi dama cuando anda pisa sobre el suelo.

Y sin embargo, a fe, mi amor por tanto cuenta
como otra que con falsos símiles se mienta.

CXXXI

Eres tú tan tirana, siendo como eres,
como a las que hace ser crueles su hermosura;
pues sabes que en la entraña tú de mis quereres
eres la más preciosa joya y la más pura.

Cierto es, a fe, que dice alguno que te mira
que no es tu cara tal que haga a amor gemir;
tanto a decirles no me atrevo que es mentira,
aunque a mis solas me lo jure sin mentir;

y, para asegurarme que no juro en vano,
mil gemidos, con sólo pensar en tu cara,
a prestar salen testimonio mano a mano
que en mi juicio tu negro es la beldad más clara.

En nada eres tú negra si no es en tus obras,
que es donde – creo – aquella negra fama cobras.

CXXXIII

¡Maldito el corazón que al mío hace sufrir
porque a mi amigo así le hiere al par conmigo!
¿No basta ya en el potro hacerme a mí gemir,
que esclavo a esclavitud haya de ser mi amigo?

A mí de mí me saca tu mirar cruel;
de mi otro yo adueñada más te encrudeleces:
privado estoy de ti, de mí mismo y de él,
tormento triple entrecruzado por tres veces.

En rejas de tu pecho méteme en prisión,
mas por mi amigo deja que yo dé fianza;
si yo estoy preso, preso esté en mi corazón
él, y ya en esta cárcel no osarás venganza.

Pero ay, sí que osarás: que, encarcelado en ti,
sin más soy tuyo, y todo lo que haya en mí.

CXXXIV

Así ahora he confesado que él es prenda tuya
y que yo hipotecado estoy a tu albedrío;
me enajeno a mí mismo, porque restituya
tu banca a ese otro mí y consuelo sea mío;

mas no lo harás; ni él por libre quedaría:
que tú eres avarienta, y él, dulce y discreto,
sólo supo firmar por mí una garantía
con cláusula que a él lo deja a ti sujeto.

Tú cobrarás de tu hermosura deuda y réditos,
oh tú, usurera, que a interés todo lo pones,
y aun metes al amigo en pleito por mis débitos;
que así lo pierdo por mis torpes transacciones.

Yo lo he perdido a él; tú a él y a mí nos tienes;
paga él todo, y con todo, sigo yo en rehenes.

CXXXV

Tenga otra lo que tenga, me tienes a mí,
y MÍ tienes de abasto y MÍ de demasía:
yo estoy de MÍ tan lleno, que te cargo así,
sobre tu dulce MÍ, más MÍ por cuenta mía.

Oh, ¿no querrás tú, cuyo TI es tan espacioso,
dignarte un punto recibirme a mí en tu TI?
¿Cualquier MÍ de los otros se verá gracioso,
y nunca gracia alcanzará mi propio MÍ?

El mar, que es toda el agua, aún recibe en sí
la lluvia, que a aumentar su inmensidad se abate:
tal tú, de TI tan rica, añádele a tu MÍ
un MÍ de mí venido que tu MÍ dilate.

Que un fiero 'No' no mate
a los que piden mansamente entrar en ti:
ve en todos uno solo y en el uno a mí.

CXXXVIII

Cuando jura mi amor que su fe es como el cielo
de firme, yo la creo, bien que sé que miente,
para que ella me crea un infeliz mozuelo,
del mundo y sus perversidades inocente.

Así, creyendo en vano que ella me cree joven,
bien que sabe que es ida la flor de mis años,
yo, simple, de su lengua bebo los engaños,
y sufre la verdad que aquí y allí la roben.

Pero ¿por qué ella no declara que ella es falsa?
Pero ¿por qué no digo yo que yo soy viejo?
Ah, que en amor la pura fe es la mejor salsa,
y edad no quiere Amor contar en su cortejo.

Conque ella en mí, yo en ella, así con trampa
    entramos,
y nuestras faltas con embustes adobamos.

CXXXIX

Ah, no me cites a justificar los males
con que en mi corazón tu crueldad se ensaña;
no con tus ojos, con tu lengua, me apuñales:
de poder a poder ataca, y no por maña.

Dime que amas a otro, pero ante mi vista
guarda, alma mía, que tu ojo al bies se tuerza;
¿qué falta te hace herirme a astucia, si es tu fuerza
tal que mi fuerte milbatido no resista?

Aún puedo así excusarte: «Ah, mi amor bien siente
que mi enemigo han sido sus ojuelos caros;
por eso de mi rostro desvía clemente
sus armas, que a otra parte lancen sus disparos».

No, no hagas tal, mas, ya que estoy de muerte herido,
mírame y mátame, y apaga mi gemido.

CXLI

A fe que con mis ojos no te amo, pues
ellos en ti mil faltas notan: el que ama
lo que desprecian ellos mi corazón es,
el cual, pese a la vista, de pasión se inflama;

ni de tu lengua al son mi oído se derrite,
ni el tierno tacto, dado a torpes cabrïolas,
ni olor ni gusto ansían que se les invite
a alguna fiesta sensual contigo a solas.

Mas ni cinco sentidos ni juïcios cinco
disuaden de servirte a un corazón demente,
que la imagen de un hombre abandonó de un brinco,
para ser de tu orgullo mísero sirviente.

Una ganancia en esta plaga me conforta:
la que me hace pecar mi penitencia aporta.

CXLII

Amor es mi pecado, y odio tu virtud,
odio de mi pecado, que de amor malcrece;
mas pon mi hoja con la tuya a igual trasluz,
y habrás de ver que tal condena no merece;

o al menos ya, no de esos labios tuyos fríos,
que han profanado la escarlata de sus galas,
sellado en falso amor más veces que los míos,
robado ajenos lechos de sus alcabalas.

Sea legal que te ame yo, como tú a los que
tus ojos, como a ti los míos, dan querella;
planta en tu corazón piedad, que, si hace bosque,
merezca tu piedad que se apiaden de ella.

Si lo que tú rehúsas quieres que te entreguen,
tal vez según tu propio ejemplo te lo nieguen.

CXLIII

¿Ves?: como una hacendosa ama de casa trota
tras una de sus plumipintas que se escapa,
posa a su crío en tierra, y toda se alborota
por ver si a la atrevida fugitiva atrapa,

mientras su rorro abandonado se querella
y llora en pos de aquélla cuyo afán se agacha
a perseguir lo que revolotea ante ella,
sin cuidarse del niño y su afligida facha,

así tú corres tras lo que vuela ante ti,
mientras que yo, tu crío, grito en pos de mi pena.
Pero si atrapas tu esperanza, torna a mí
y haz el papel de madre: bésame, sé buena.

Así yo rezo por que lo que quieras halles,
con tal que vuelvas y mis lágrimas acalles.

CXLIV

Dos tengo amores de catástrofe y de amparo,
como dos genios que me inspiran hora a hora:
mi mejor ángel es un hombre blondo claro,
mi genio malo una mujer morena mora.

Para echarme al infierno ya, mi diablo hembra
tienta a mi ángel bueno a abandonar mi bando
y en mi santo malicias de demonio siembra,
su pureza con vil soberbia cortejando.

Y si se hará mi ángel diablo o no, conmigo
temerlo puedo, no decirlo a lo derecho;
mas siendo míos ambos y uno de otro amigo,
un ángel en infierno de otro me sospecho.

Pero eso nunca lo sabré, y en dudas peno,
hasta que el malo a purgatorio arroje al bueno.

CXLIX

¿Podrás decir, cruel, que no te quiero, cuando
en contra de mí mismo lucho de tu parte?
¿Que yo no pienso en ti, cuando olvidado ando
de mí mismo, tirana, por agasajarte?

¿Quién hay que te aborrezca a quien yo llame amigo?
¿A quién el ceño frunces tú que yo haga halago?
Qué, si conmigo te enfurruñas tú, ¿no pago
pena al contado yo ensañándome conmigo?

¿Qué virtudes en mí estimo yo tan altas
que se desdeñen de servir a tus antojos,
si toda mi virtud está a adorar tus faltas,
atenta a cada parpadeo de tus ojos?

Pero odia, odia, amor, que ahora sé tu juego:
tú amas a los que pueden ver, y yo soy ciego.

MITOS
POESÍA

1. Neruda, *Poesía de amor*
2. Pessoa, *42 poemas*
3. Bukowski, *20 poemas*
4. Safo
5. Cernuda, *34 poemas*
6. Whitman, *¡Oh, Capitán! ¡Mi Capitán!*
7. Baudelaire, *42 flores del mal*
8. Kavafis, *56 poemas*
9. Alberti, *Sueños del marinero*
10. Dickinson, *60 poemas*
11. Darío, *31 poemas*
12. Pavese, *Vendrá la muerte y tendrá tus ojos*
13. Goethe, *47 poemas*
14. Lorca, *Romances y canciones*
15. Stevenson, *Cantos de viaje*
16. Rimbaud, *Hay que ser absolutamente moderno*
17. Salinas, *De amor*
18. Poe, *El cuervo y otros poemas*
19. Quevedo, *Versos de burlas*
20. Yeats, *30 poemas*
21. Machado, *Poemas de Castilla*
22. *Poesía árabe clásica*
23. *Jaikus. En este lugar, en este momento*
24. Vallejo, *Nómina de huesos y otros poemas*

25. Ajmátova, *Réquiem y otros poemas*
26. Sor Juana Inés de la Cruz, *Versos profanos*
27. Pound, *Disfraces*
28. *Aire y ángeles*
29. Auden, *Parad los relojes y otros poemas*
30. Manrique, *Recuerde el alma dormida*
31. *56 boleros*
32. Shakespeare, *¿A un día de verano habré de compararte? 62 sonetos*

¿Cuántos libros sueles comprar al año? ...

¿Dónde has adquirido este libro?
☐ Librería ☐ Quiosco ☐ Grandes superficies ☐ Otros

¿Cómo has conocido la colección?
☐ TV ☐ Prensa ☐ Amigos
☐ Librería ☐ Quiosco ☐ Otros ...

¿Te gusta la portada de los libros? ☐ Sí ☐ No
¿Te gusta el formato de los libros? ☐ Sí ☐ No

Indica cuál de estos factores te ha influido más a la hora de comprar el libro:
☐ Precio ☐ Autor ☐ Contenido ☐ Presentación

¿Has comprado otros títulos de la colección?
☐ Sí ☐ No ¿Cuántos? ...

☐ Hombre ☐ Mujer

Edad:
☐ 13-17 ☐ 18-24 ☐ 25-34
☐ 35-44 ☐ 45-54 ☐ más de 54

Estudios:
☐ Primarios ☐ Secundarios ☐ Universitarios

Si deseas recibir más información sobre esta colección, envíanos tus datos a **Mondadori**, calle Aragón, 385, 08013 Barcelona.

Apellidos ______________________ Nombre ______
Calle ________________________ nº ___ piso ___
Población ____________________________ c.p. ____
Provincia ______________________________________

Los datos recogidos en este cuestionario son confidenciales. Tienes derecho a acceder a ellos para actualizarlos o anularlos.

32. *¿A un día de verano habré de compararte?*